POEMA-PIADA

BREVE ANTOLOGIA DA POESIA ENGRAÇADA

GREGÓRIO DUVIVIER (ORG.)

PREFÁCIO

À primeira vista, o poeta e o humorista pertencem a mundos diversos. O poeta-albatroz vê o mundo como o Google Earth: do alto do satélite ou da torre de marfim. O céu é do poeta — como o chão é do humor.

O humorista, ao contrário, vive na lama — ou na sarjeta. Mendigo, bêbado ou caipira, o humorista tradicional é aquele que enxerga o mundo sem qualquer transcendência ou metafísica. Tudo merece, pra ele, a mesma quantidade de falta de respeito. Entre transcendência e imanência, nuvens e sarjeta, céu e chão, a poesia e a piada não se encontrariam nunca, como duas retas paralelas.

Mas pra isso é preciso entender poesia de uma forma muito estrita — pra não dizer chata. A ideia de que a poesia fala de temas mais nobres que a prosa, ou de que o poeta é um ser iluminado (ou, pra usar um termo atual: diferenciado), acabou junto com a tuberculose. A torre de marfim deu lugar a uma quitinete na praça Roosevelt.

A graça, por sua vez, deixou de ser sinônimo de distração e passou a ser pensada, cada vez mais, como "*cosa mentale*", um exercício de inteligência — como as outras artes. Ainda há, claro, quem ache que a poesia humorística é um gênero menor — "sorte a nossa", dizia o Antonio Candido sobre a crônica, "assim ela fica mais perto da gente".

Por aqui, nossos maiores poetas nunca tiveram esse preconceito. Sempre trataram a piada como um ofício, e não como uma atividade paralela. Os poemas que você encontra aqui não são o hobby de poetas canônicos — mas o próprio cânone, nossa produção mais celebrada, *la crème de la crème* do nosso pré-sal. Da minha parte, só tenho a agradecer — se não fosse a piada, nunca teria me interessado pelo poema.

Criança, penava pra ler os romances intermináveis de José de Alencar e achava que poesia era aquilo que escrevia o meu tataravô simbolista: sonetos cheios de palavras como "plenilúnio" e "porciúncula". Não tinha muito interesse pelo assunto, como é de se imaginar. Tinha uns dez anos de idade quando a *Quadrilha* do Drummond me deixou perdidinho: "Isso aqui também chama poesia?" perguntei ao professor Miguel. "Então eu gosto". Percebendo meu apreço pelo gênero, o professor me apresentou aos modernistas e, entre eles, um poeta que tinha sido seu colega de faculdade, o Bith — de quem nunca mais ouvi falar, mas por sorte aprendi alguns poemas de cor: "Não sei se vou ou fico/ tudo o que a vida me dá/ sinuca de bico".

Passei a perseguir, obstinadamente, essa interseção das paralelas: a poesia que faz rir e o humor que faz pensar, a piada melancólica e o poema humorístico, a comédia triste e o drama engraçado. Mais que uma coletânea, esse livro acabou se tornando uma homenagem a todos os que dedicam a vida a fabricar o encontro dessas retas. Foram meses de pesquisa — a pesquisa mais prazerosa que eu poderia imaginar. Na busca, me deparei com um livro especialmente precioso: *Forças e formas*, do Wilberth Salgueiro, sobre a poesia brasileira dos anos 70 em diante (onde descobri, entre outras coisas, a poeta Leila Miccolis). Escrevi pro Wilberth, à procura de mais poetas, e descubro ninguém menos que o próprio autor. Wilberth assinava Bith na juventude, até que largou o heterônimo e virou professor da UFES. A esta antologia devo o reencontro. Um salve especial, também, à Alice Ruiz e ao Paulo Henriques Britto, que me indicaram poetas e poemas que estavam escapando a um primeiro radar. Ainda muitos escaparão. Espero que esteja faltando muita coisa, como em toda antologia que se preze.

Por sorte, o poema não obedece às regras da geometria e nele as paralelas volta e meia se esbarram — especialmente no Brasil, país que não respeita nem as regras do trânsito, quanto mais as da geometria. Sorte a nossa.

JOSÉ PAULO PAES

Ménage à trois

casa de ferreira
espeto de paulo

Acima de qualquer suspeita

a poesia está morta

mas juro que não fui eu

eu até que tentei fazer o melhor que podia para salvá-la

imitei diligentemente augusto dos anjos paulo torres carlos drummond de andrade manuel bandeira murilo mendes vladimir maiakóvski joão cabral de melo neto paul éluard oswald de andrade guillaume apollinaire sosígenes costa bertolt brecht augusto de campos

não adiantou nada

em desespero de causa cheguei a imitar um certo (ou incerto) josé paulo paes poeta de ribeirãozinho estrada de ferro araraquarense

porém ribeirãozinho mudou de nome a estrada de ferro araraquarense foi extinta e josé paulo paes parece nunca ter existido

nem eu

ANDRÉ DAHMER

amor é assim
quem nunca perdeu
não sabe o que está perdendo

ALICE SANT'ANNA

quando faltou luz
ficou aquele breu e eu
com as mãos
tremendo
morta de medo
de tudo se iluminar
de repente

MILLÔR FERNANDES

Poeminha ego-elucidativo

O amor é assim
O que eu vejo nela?
O que ela vê em mim

Diante de um automóvel 1958

Gasto tanto em oficina
Que inda não entendi bem
Se sou eu que tenho o carro
ou se é ele que me tem

Poesia de incompreensão infantil

A natureza é sábia
Mas não compreende um fato
Por que tem uma só mãe
E tanto parente chato?

Poesia com lamentação de local de nascimento

Tudo que eu digo, acreditem,
Teria mais solidez
Se, em vez de carioquinha,
Eu fosse um velho chinês.

**Na discussão
(nasce a luz?)**

Tivemos uma troca de palavras
Mesquinhas
Agora eu estou com as dela
E ela está com as minhas.

**BRUNA
BEBER**

Romance em doze linhas

quanto falta pra gente se ver hoje
quanto falta pra gente se ver logo
quanto falta pra gente se ver todo dia
quanto falta pra gente se ver pra sempre
quanto falta pra gente se ver dia sim dia não
quanto falta pra gente se ver às vezes
quanto falta pra gente se ver cada vez menos
quanto falta pra gente não querer se ver
quanto falta pra gente não querer se ver nunca mais
quanto falta pra gente se ver e fingir que não se viu
quanto falta pra gente se ver e não se reconhecer
quanto falta pra gente se ver e não lembrar que
                            [um dia se conheceu.

JUÓ BANANÉRE

Versos

Ficas n'un ganto da sala
P'ra fingi chi non mi vê,
E io no ôtro ganto
Stô fingino tambê.

Ma vucê di veiz in veiz
Mi dá una brutta spiada,
E io tambê ti spio
Ma finjo chi non vi nada.

Cunversas co Bascualino
P'ra mi afazê a gelosia,
Ma io p'ra mi vingá
Cunverso tambê c'oa Maria.

Tu spia intó p'ra Maria
Con ar di querê dá n'ella;
P'ra evitá quarquére asnêra
Si afasto i vô p'ra gianella.

O firmamento stá scuro
I na rua os surdato apita,
Inguanto nu ganto da sala
Tu fica afazéno "fita".

Marietta non segia troxa,
Non faccia fita p'ra gente,
Perchê vucê quêra ô non quêra
Io ti quero internamente.

Sogramigna

Sogramigna infernale chi murré
Vintes quatro anno maise tardi che devia,
Fique aí a vita intêra e maise un dia,
Che io non tegno sodades di vucê.

Nu doce stante che vucê murrê
Tive tamagno attaque di legria
Che quasi, quasi, murri aquillo dia,
Co allegró chi apagné di ti perdê.

I oggi cuntento come un boi di carro,
I mais libero d'un passarigno,
Passo a vita pitáno o meu cigarro,

I maginando chi aóra inzatamente
Tu stá interrada até o piscocigno
Dentro d'un brutto taxo di agua quente.

PEDRO ROCHA

Ao Passo
[para Chacal]

Poeta é aquele
que sabe uma
maneira maneira
de fazer de uma
cascata
cachoeira

CHACAL

vai ter uma festa
que eu vou dançar
até o sapato pedir pra parar.

aí eu paro
tiro o sapato
e danço o resto da vida.

VINICIUS DE MORAES

Meio assim

tava atrasado.
o metrô ia sair.
corri.
a porta se fechou.
metade de mim foi.
outra ficou.

uma que já era,
ficou mais ensimesmada.
olhando o relógio
falando no celular.

a outra, tagarela,
levantava leviana
a saia das moças,
uivando intempestiva.

se alguém
encontrar uma delas,
avise a outra.
eu vou ver
se estou na esquina.

Não comerei da alface a verde pétala

Não comerei da alface a verde pétala
Nem da cenoura as hóstias desbotadas
Deixarei as pastagens às manadas
E a quem mais aprouver fazer dieta.

Cajus hei de chupar, mangas-espadas
Talvez pouco elegantes para um poeta
Mas peras e maçãs, deixo-as ao esteta
Que acredita no cromo das saladas.

Não nasci ruminante como os bois
Nem como os coelhos, roedor; nasci
Omnívoro; deem-me feijão com arroz

E um bife, e um queijo forte, e parati
E eu morrerei feliz, do coração
De ter vivido sem comer em vão.

BITH

um homem... (foi ontem
no parapeito da ponte
— só ficou a ponte)

PAULO LEMINSKI

eu
tão isósceles
você
ângulo
hipóteses
sobre o meu tesão

teses
sínteses
antíteses
vê bem onde pises
pode ser meu coração

não discuto
com o destino

o que pintar
eu assino

um homem com uma dor
é muito mais elegante
   caminha assim de lado
como se chegando atrasado
   andasse mais adiante

   carrega o peso da dor
como se portasse medalhas
   uma coroa um milhão de dólares
ou coisas que os valha

   ópios édens analgésicos
não me toquem nessa dor
   ela é tudo que me sobra
sofrer, vai ser minha última obra

Incenso fosse música

isso de querer
ser exatamente aquilo
 que a gente é
ainda vai
 nos levar além

**BRUNO
BRUM**

MARIO QUINTANA

Dez minutos

Um desconhecido
Me pergunta as horas.
Faltam dez minutos.

Relógio

O mais feroz dos animais domésticos
é o relógio de parede:
conheço um que já devorou
três gerações da minha família

Poeminho do Contra

Todos esses que aí estão
Atravancando meu caminho,
Eles passarão...
Eu passarinho!

GREGÓRIO DUVIVIER

uma dor de cabeça titânica
tomou conta dos astros que
então perceberam que era
preciso inventar algo novo para
prosseguir nessa luta: foi aí
que surgiram os primeiros
analgésicos que obviamente
não deram conta da ressaca
universal como tampouco
deram certo as bolsas de água
quente o omelete o banho frio
a glicose na veia e todos tiveram
que admitir que a única saída
era mesmo continuar bebendo

CACASO

Lar doce lar
[para Maurício Maestro]

Minha pátria é minha infância:
Por isso vivo no exílio

Jogos florais

I

Minha terra tem palmeiras
onde canta o tico-tico.
Enquanto isso o sabiá
vive comendo o meu fubá.

Ficou moderno o Brasil
ficou moderno o milagre:
a água já não vira vinho,
vira direto vinagre.

II

Minha terra tem Palmares
memória cala-te já.
Peço licença poética
Belém capital Pará.

Bem, meus prezados
senhores
dado o avançado da hora
errata e efeitos do vinho
o poeta sai de fininho.

(será mesmo com 2 esses
que se escreve paçarinho?)

Happy end

o meu amor e eu
nascemos um para o outro

agora só falta quem nos apresente

Indefinição

pois assim é a poesia:
esta chama tão distante mas tão perto de
estar fria.

Vida e obra
[para Eginardo Pires]

Você sabe o que Kant dizia?
Que se tudo desse certo no meio também
Daria no fim dependendo da ideia que se
Fizesse de começo.

E depois — para ilustrar — saiu dançando um
Foxtrote

GREGÓRIO DE MATOS

4
Querem-me aqui todos mal,
mas eu quero mal a todos,
eles, e eu por vários modos
nos pagamos tal por qual:
e querendo eu mal a quantos
me têm ódio tão veemente
o meu ódio é mais valente,
pois sou só, e eles são tantos.

5
Algum amigo, que tenho,
(se é que tenho algum amigo
me aconselha, que, o que digo,
o cale com todo o empenho:
este me diz, diz-me est'outro,
que me não fie daquele,
que farei, se me diz dele,
que me não fie aquel'outro.

GERALDO CARNEIRO

pequenas ocupações da poesia

a procura da palavra mágica
a contrassenha do apocalipse
o codinome do diabo os esconjuros
as juras aquém-além palavra
amor e outros monstros inomináveis
Iracema é anagrama de América
termo é anagrama de morte
dog, em inglês, é o contrário de deus

blasfêmea para uma infanta em êxtase

GLÓRIA.
IN EXCELSIS.
DEI.

**por ocasião de um incêndio que quase levou
a mulher amada desta para melhor**

alma minha gentil que não partiste
tão cedo desta vida descontente
repousa cá na terra, éter na mente,
e viva eu lá no seu, pra sempre em riste

o elogio das índias ocidentais

ó cunhãs, ó indiazinhas em flor
quisera ser o vosso Pero Vaz,
cronista das vergonhas saradinhas,
naufragar nestas Índias do Ocidente
cheio de fantasias orientais.
ser vosso fauno sem après-midi
cevado (ai de mim) a aipim e cauim
até me converter num querubim
e, numa patuscada bem pagã,
(Cubanacan ao fundo no atabaque),
oferecer o corpo em holocausto,
para sentir, com a graça de Tupã,
os vossos dentes me mascando a carne
nhaque nhaque nhaque

HILDA HILST

A rainha careca

De cabeleira farta
De rígidas ombreiras
de elegante beca
Ula era casta
Porque de passarinha
Era careca.
À noite alisava
O monte lisinho
Co'a lupa procurava
Um tênue fiozinho
Que há tempos avistara.
Ó céus! Exclamava.
Por que me fizeram
Tão farta de cabelos
Tão careca nos meios?
E chorava.
Um dia...
Passou pelo reino
Um biscate peludo

Vendendo venenos.
(Uma gota aguda
Pode ser remédio
Pra uma passarinha
De rainha.)
Convocado ao palácio
Ula fez com que entrasse
No seu quarto.
Não tema, cavalheiro,
Disse-lhe a rainha
Quero apenas pentelhos
Pra minha passarinha.
Ó Senhora! O biscate
exclamou.
É pra agora!
E arrancou do próprio
peito
Os pelos
E com saliva de ósculos
Colou-os
Concomitantemente

penetrando-lhe os meios.
UI! UI! UI! gemeu Ula
De felicidade.
Cabeluda ou não
Rainha ou prostituta
Hei de ficar contigo
A vida toda!
Evidente que aos poucos
Despregou-se o tufo todo.
Mas isso o que importa?
Feliz, mui contentinha
A Rainha Ula já não chora.

Moral da estória:
Se o problema é relevante,
apela pro primeiro passante.

OSWALD DE ANDRADE

3 de maio

Aprendi com meu filho de dez anos
Que a poesia é a descoberta
Das coisas que eu nunca vi

Erro de português

Quando o português chegou
Debaixo d'uma bruta chuva
Vestiu o índio
Que pena!
Fosse uma manhã de sol
O índio tinha despido
O português

Senhor
Que eu não fique nunca
Como esse velho inglês
Aí do lado
Que dorme numa cadeira
À espera de visitas que não vêm

Pronominais

Dê-me um cigarro
Diz a gramática
Do professor e do aluno
E do mulato sabido

Mas o bom negro e o bom branco
Da Nação Brasileira
Dizem todos os dias
Deixa disso camarada
Me dá um cigarro

Adolescência

Aquele amor
Nem me fale

FRANCISCO ALVIM

Argumento

Mas se todos fazem

Irani, manda Gilson embora

Eu mando
mas ele não vai

ALICE RUIZ

era uma vez
uma mulher que via um futuro grandioso
para cada homem que a tocava

um dia
ela se tocou

tem os que passam
e tudo se passa
com passos já passados

tem os que partem
da pedra ao vidro
deixam tudo partido

e tem, ainda bem,
os que deixam
a vaga impressão
de ter ficado

que viagem
ficar aqui
parada

falta de sorte
fui me corrigir
errei

MANO MELO

Sui generis

Este é um país sui generis.
As putas gozam
Os cafifas se apaixonam
Os valentões apanham
Os ministros cantam e
As ministras dão.
Os machões também.
Os ladrões prendem
A polícia assalta
Os patrões fazem greve
Os catedráticos não leem
Os analfabetos escrevem
Os ateus rezam
Os padres praguejam
Os banqueiros choram
Os mendigos dão esmola
Os gatos latem
Os cachorros miam
Os peixes se afogam

As frutas mordem
As formigas dão leite
As vacas põem ovos
As galinhas têm dentes.

Então,
Quer parar
De me cobrar
Coerência
Pô!

LEILA MÍCCOLIS

Posição

Injustiça e veneno
é dizer que só me deito sobre os louros.
Também sob os morenos...

ANGÉLICA FREITAS

february mon amour

janeiro não disse a que veio
mas fevereiro bateu na porta
e prometeu altas coisas
'como o carnaval', ele disse.
fevereiro é baixinho,
tem 1,60 m e usa costeletas
faria melhor propaganda
do festival de glastonbury.)
pisquei ligeira nas almofadas:
'nem tô, fevereiro
abandonei o calendário'.
'você é um saco', ele disse
e foi cheirar no banheiro.

EUDORO AUGUSTO

A exceção e a regra

Nem todos os poetas são cabeludos.
Nem todos os críticos são carecas.

Despertar

O telefone é um susto.
Do outro lado da linha
Alguém articula um bom-dia
rouco de pedra.
Engano
Eu não moro mais aqui.

ZUCA SARDAN

Shen Hsiu

Havia um monge
Que lustrava a careca
Para que sua cabeça
Fosse como se um espelho:

Refletisse tudo
E não guardasse nada.

EDUARDO KAC

Filosofia

pra curar amor platônico
só uma trepada homérica

GLAUCO MATTOSO

Soneto bizarro

Coprófilo é quem gosta de excremento.
Pedófilo só trepa com criança.
Defunto fresco em paz jamais descansa
nos braços do necrófilo sedento.

Voyeur assiste a tudo, sempre atento
ao exibicionista, que até dança.
O fetichista transa até com trança,
e o masoquista adora sofrimento.

Libido, pelo jeito, é mero lodo.
A sensualidade faz sentido
conforme a morbidez sob a qual fodo.

Não basta o pé, precisa ser fedido.
Se tenho de escolher, pois, um apodo,
serei um podosmófilo assumido.

Soneto do decoro parlamentar

— O ilustre senador é um sem-vergonha!
— O quê?! Vossa Excelência é que é safado!
E os dois parlamentares, no Senado,
disputam palavrão que descomponha.

Um grita que o colega usa maconha.
Responde este que aquele outro é viado.
Até que alguém aparte, em alto brado
anima-se a sessão que era enfadonha.

Inútil tentativa, a da bancada,
de a tempo separar o par briguento:
aos tapas, se engalfinham por um nada...

Imagem sem pudor do Parlamento,
são ambos mais sinceros que quem brada:
— Da pecha de larápio me inocento!

LISTA DE
OBRAS

© **ALICE RUIZ** "[que viagem...]" e "[falta de sorte...]", *Navalhanaliga*, 1980 / "[tem os que passam...]", *Vice-versos*, 1988 / "[era uma vez...]", *Quase duelo de quase amor*, 2011 | © **ALICE SANT'ANNA** "[quando faltou luz...]", *Dobradura*, 2008 | © **ANDRÉ DAHMER** "[amor é assim...]", *A coragem do primeiro pássaro*, 2015 | © **ANGÉLICA FREITAS** "february mon amour", *Rilke shake*, 2007 | **BITH** © Wilberth Salgueiro "[um homem...]", *Digitais*, 1990 | © **BRUNA BEBER** "Romance em doze linhas", *Rua da padaria*, 2013 | © **BRUNO BRUM** "Dez minutos", *Mastodontes na sala de espera*, 2011 | **CACASO** © herdeiros do autor "Jogos florais", *Grupo escolar*, 1974 / "Happy end", *Beijo na boca*, 1975 / "Indefinição", *Segunda classe*, 1975 / "Lar doce lar" e "Vida e obra", *Na corda bamba*, 1978 | © **CHACAL** "[vai ter uma festa...]", *Muito prazer, Ricardo*, 1971 / "Meio assim", *Murundum*, 2013 | © **EDUARDO KAC** "Filosofia", 1981 | © **EUDORO AUGUSTO** "Despertar", *Olhos de bandido*, 2001 / "A exceção e a regra", *Um estrago no paraíso*, 2008 | © **FRANCISCO ALVIM** "Argumento" e "Irani, manda Gilson embora", *Elefante*, 2000 | © **GERALDO CARNEIRO** "Pequenas ocupações da poesia", *Pandemônio*, 1993 / "blasfêmea para uma infanta em êxtase" e "por ocasião de um incêndio que quase levou a amada desta para melhor", *Lira dos cinquent'anos*, 2002 / "O elogio das índias ocidentais", *Balada do impostor*, 2006 | © **GLAUCO MATTOSO** "Soneto bizarro", *Paulisseia ilhada – sonetos tópicos*, 1999 / "Soneto do decoro parlamentar", *Poética na política*, 2004 | **GREGÓRIO DE MATOS** fragmentos poema "Contra outros satirizados de várias penas, que o atribuíam ao Poeta, negando-lhe a capacidade de louvar", *Poemas atribuídos*,

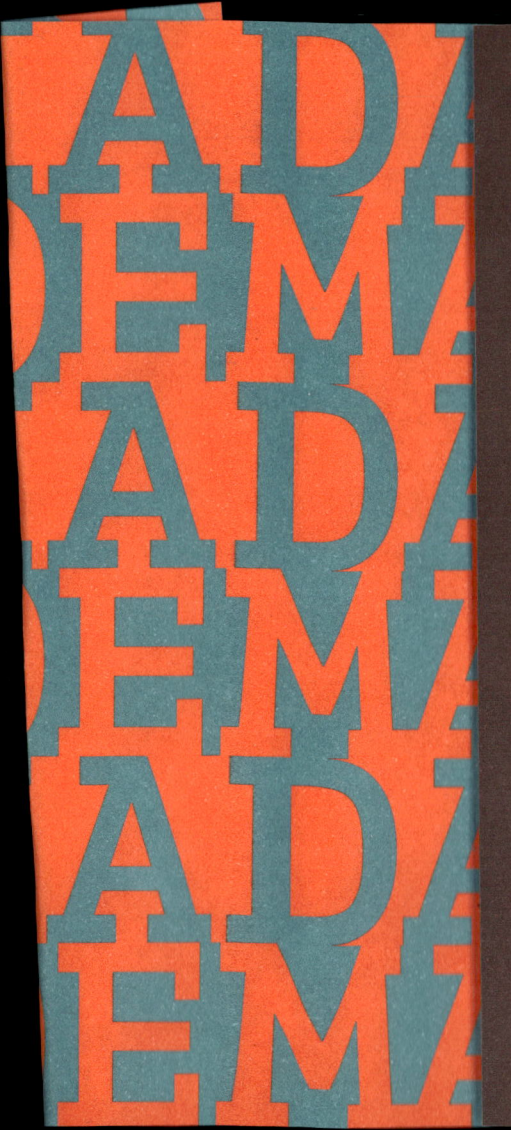

Códice Asensio-Cunha v. 3, 2013 | © **GREGÓRIO DUVIVIER** "No dia seguinte ao big bang", *Ligue os Pontos*, 2013 | **HILDA HILST** © herdeiros da autora "A rainha careca", *Da noite*, 1992 | **JOSÉ PAULO PAES** © Dorothéa Costa Paes da Silva "Ménage à trois" e "Acima de qualquer suspeita", *A poesia está morta mas juro que não fui eu*, 1988 | **JUÓ BANANÉRE** "Versos" e "Sogramigna", *La Divina Increnca*, 1915 | © **LEILA MÍCCOLIS** "Posição", *Sangue cenográfico*, 1997 | © **MANO MELO** "Sui gêneris", *O lavrador de palavras*, 1999 | **MARIO QUINTANA** © Elena Quintana "Poeminho do Contra" e "Relógio", *Caderno H*, 1973 | **MILLÔR FERNANDES** © Ivan Rubino Fernandes "Poeminha ego-elucidativo", "Diante de um automóvel 1958", "Poesia de incompreensão infantil", "Poesia com lamentação de local de nascimento" e "Na discussão (nasce a luz?)", *Essa cara não me é estranha e outros poemas*, 2014 | **OSWALD DE ANDRADE** © herdeiros de Oswald de Andrade "3 de maio" e "Pronominais", *Pau Brasil*, 1925 / "Adolescência", *Primeiro caderno do aluno de poesia Oswald de Andrade*, 1927 / "Erro de português", *Poemas menores* (s/d) | **PAULO LEMINSKI** © herdeiros do autor "[eu tão isósceles...]", *Caprichos & relaxos*, 1983 / "[não discuto...]", *não fosse isso e era menos não fosse tanto e era quase*, 1981 / "[um homem com uma dor...]", *La vie em close*, 1991 / "Incenso fosse música", *Distraídos venceremos*, 1987 | © **PEDRO ROCHA** "Ao Passo", *Chão inquieto*, 2010 | **VINICIUS DE MORAES** © VM Cultural "Não comerei da alface a verde pétala", *Para viver um grande amor*, 1962 | © **ZUCA SARDAN** "Shen Hsiu", *26 poetas hoje*, 1976

© Gregório Duvivier, 2017
© Ubu Editora, 2017

Coordenação editorial **Florencia Ferrari** / Assistente editorial **Mariana Schiller** / Estabelecimento dos textos **Fabiano Calixto** / Revisão **Isabela Sanches** / Design **Elaine Ramos** / Assistente de design **Lívia Takemura** / Produção gráfica **Aline Valli**

Nesta edição, respeitou-se o novo Acordo Ortográfico da Língua Portuguesa.

Dados Internacionais de Catalogação na Publicação (CIP)
Poema-piada – breve antologia da poesia engraçada
Organizador: Gregório Duvivier ; Autores: Alice Ruiz... [et al.]
São Paulo: Ubu Editora, 2017 / 64 pp. / 10 × 15 cm
ISBN 978 85 92886 55 4 / 1. Literatura brasileira 2. Poesia brasileira 3. Poemas brasileiros / I. Duvivier, Gregório II. Ruiz, Alice / CDU 821.134.3 (81)-1 / Índices para o catálogo sistemático:
1. Poesia/Poema em português 821.134.3-1 2. Brasil (81)

Fonte America / **Papel** Alta alvura 90g/m^2 / **Impressão** Geográfica

Ubu Editora
Largo do Arouche 161 sobreloja 2
01219 011 São Paulo SP
[11] 3331 2275
ubueditora.com.br

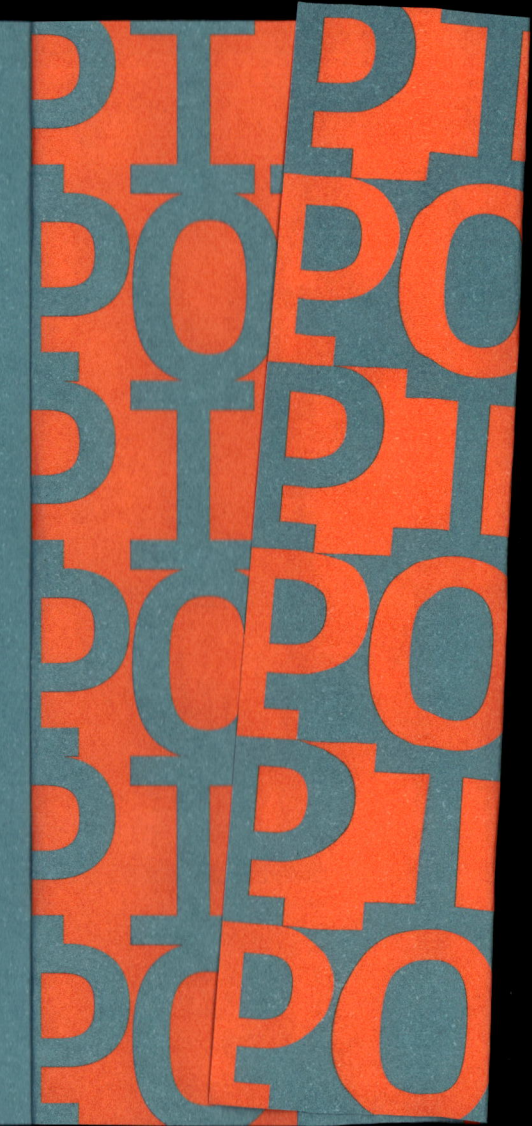

Códice Asensio-Cunha v. 3, 2013 | © **GREGÓRIO DUVIVIER** "No dia seguinte ao big bang", *Ligue os Pontos*, 2013 | **HILDA HILST** © herdeiros da autora "A rainha careca", *Da noite*, 1992 | **JOSÉ PAULO PAES** © Dorothéa Costa Paes da Silva "Ménage à trois" e "Acima de qualquer suspeita", *A poesia está morta mas juro que não fui eu*, 1988 | **JUÓ BANANÉRE** "Versos" e "Sogramigna", *La Divina Increnca*, 1915 | © **LEILA MÍCCOLIS** "Posição", *Sangue cenográfico*, 1997 | © **MANO MELO** "Sui generis", *O lavrador de palavras*, 1999 | **MARIO QUINTANA** © Elena Quintana "Poeminho do Contra" e "Relógio", *Caderno H*, 1973 | **MILLÔR FERNANDES** © Ivan Rubino Fernandes "Poeminha ego-elucidativo", "Diante de um automóvel 1958", "Poesia de incompreensão infantil", "Poesia com lamentação de local de nascimento" e "Na discussão (nasce a luz?)", *Essa cara não me é estranha e outros poemas*, 2014 | **OSWALD DE ANDRADE** © herdeiros de Oswald de Andrade "3 de maio" e "Pronominais", *Pau Brasil*, 1925 / "Adolescência", *Primeiro caderno do aluno de poesia Oswald de Andrade*, 1927 / "Erro de português", *Poemas menores* (s/d) | **PAULO LEMINSKI** © herdeiros do autor "[eu tão isósceles...]", *Caprichos & relaxos*, 1983 / "[não discuto...]", *não fosse isso e era menos não fosse tanto e era quase*, 1981 / "[um homem com uma dor...]", *La vie em close*, 1991 / "Incenso fosse música", *Distraídos venceremos*, 1987 | © **PEDRO ROCHA** "Ao Passo", *Chão inquieto*, 2010 | **VINICIUS DE MORAES** © VM Cultural "Não comerei da alface a verde pétala", *Para viver um grande amor*, 1962 | © **ZUCA SARDAN** "Shen Hsiu", *26 poetas hoje*, 1976

© Gregório Duvivier, 2017
© Ubu Editora, 2017

Coordenação editorial **Florencia Ferrari** / Assistente editorial **Mariana Schiller** / Estabelecimento dos textos **Fabiano Calixto** / Revisão **Isabela Sanches** / Design **Elaine Ramos** / Assistente de design **Livia Takemura** / Produção gráfica **Aline Valli**

Nesta edição, respeitou-se o novo Acordo Ortográfico da Língua Portuguesa.

Dados Internacionais de Catalogação na Publicação (CIP)
Poema-piada – breve antologia da poesia engraçada
Organizador: Gregório Duvivier ; Autores: Alice Ruiz… [et al.]
São Paulo: Ubu Editora, 2017 / 64 pp. / 10 × 15 cm
ISBN 978 85 92886 55 4 / 1. Literatura brasileira 2. Poesia brasileira 3. Poemas brasileiros / I. Duvivier, Gregório II. Ruiz, Alice / CDU 821.134.3 (81)-1 / Índices para o catálogo sistemático: 1. Poesia/Poema em português 821.134.3-1 2. Brasil (81)

Fonte America / **Papel** Alta alvura 90g/m² / **Impressão** Geográfica

Ubu Editora
Largo do Arouche 161 sobreloja 2
01219 011 São Paulo SP
[11] 3331 2275
ubueditora.com.br

PIADA
POEMA
PIADA
POEMA
PIADA
POEMA

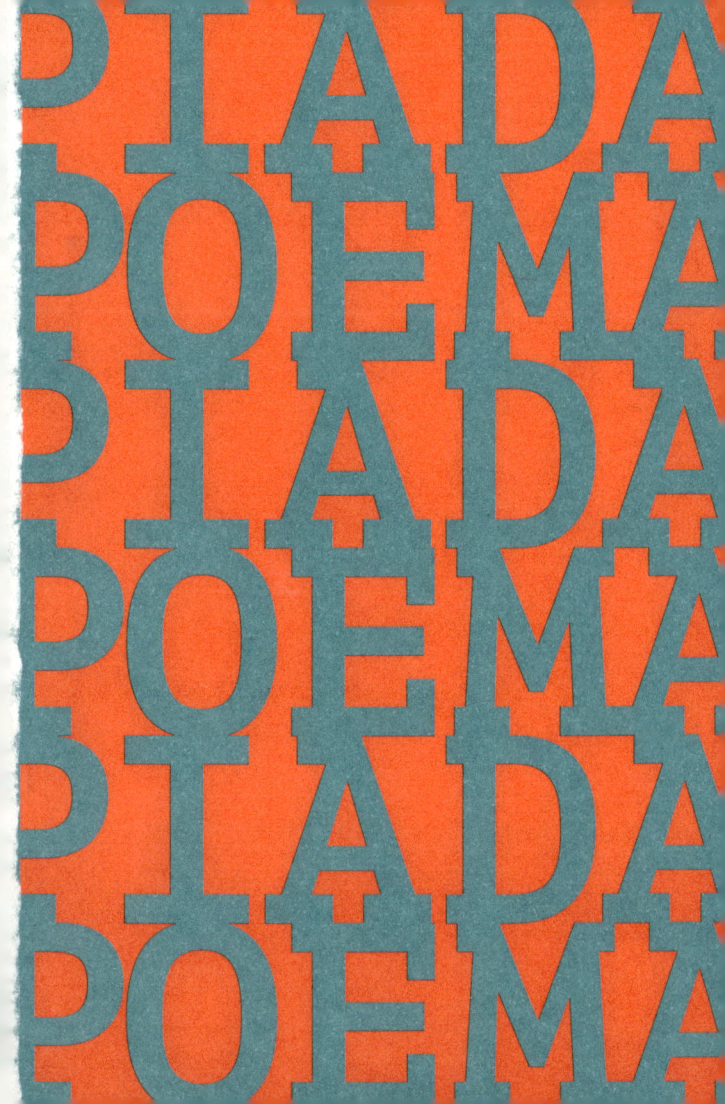

PIADA
POEMA
PIADA
POEMA
PIADA
POEMA

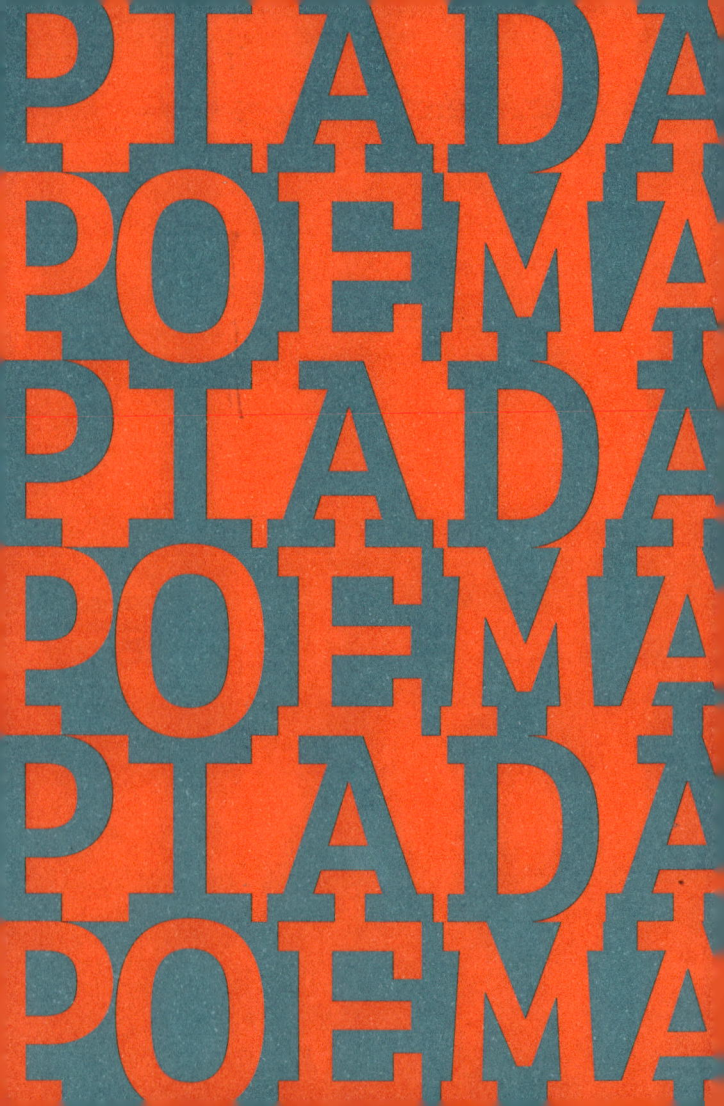